COMPAGNIE DES MINES DE DOUCHY

A LOURCHES

FORMULAIRE

DES

MÉDICAMENTS OFFICINAUX

& MAGISTRAUX

DU SERVICE DE SANTÉ DES MINES DE DOUCHY

ANZIN

IMPRIMERIE, LITHOGRAPHIE ET LIBRAIRIE DE BOUCHER-MOREAU

1856

COMPAGNIE DES MINES DE DOUCHY

A LOURCHES

FORMULAIRE

DES

MÉDICAMENTS OFFICINAUX

& MAGISTRAUX

DU SERVICE DE SANTÉ DES MINES DE DOUCHY

ANZIN

IMPRIMERIE, LITHOGRAPHIE ET LIBRAIRIE DE BOUCHER-MOREAU

1856

MÉDICAMENTS OFFICINAUX

	Quantité.	ANNÉES				
		18 — Prix.	18 — Prix.	18 — Prix.	18 — Prix.	18 — Prix.
Acide hydrochlorique du comm.						
— nitrique du commerce...						
— sulfurique id. ...						
— tartrique.............						
Acétate de morphine.........						
— de plomb cristallisé....						
— — liquide......						
Alun...................						
Ammoniaque..............						
Axonge..................						
Alcool camphré						
Baume tranquille...........						
Bi-carbonate de soude........						

	Quantité.	ANNÉES				
		18 — Prix.	18 — Prix.	18 — Prix.	18 — Prix.	18 — Prix.
Bougies en gomme élastique...						
Calomel..................						
Camphre.................						
— en poudre.........						
Carbonate de fer...........						
— de magnésie........						
Cérat simple..............						
— soufré..............						
Chlorure de chaux liquide.....						
— d'oxide de sodium....						
Corne de cerf rapée.........						
Diascordium...............						
Eau de chaux..............						
— distillée..............						
— — de fleurs d'oranger.						
— — de menthe.......						
— — de laitue........						
— de Rabel.............						
Eau-de-vie camphrée........						
Emplâtre de ciguë..........						
— diachilon gommé....						
— mercuriel..........						

	Quantité.	ANNÉES				
		18 Prix.	18 Prix.	18 Prix.	18 Prix.	18 Prix.
Éther sulfurique rectifié........						
Extrait de belladone..........						
— de ciguë.............						
— de jusquiame.........						
— d'opium.............						
— de ratanhia...........						
Espèces à fumer.............						
— pectorales..........						
— vulnéraires..........						
Feuilles d'absynthe..........						
— de bourrache........						
— de belladone........						
— de datura stramonium..						
— de digitale..........						
— d'oranger...........						
— de pariétaire........						
— de sené............						
Fleurs de camomille..........						
— de centaurée..........						
— de roses rouges........						
— de tilleul.............						
— de sureau............						

	Quantité.	ANNÉES				
		18 — Prix.	18 — Prix.	18 — Prix.	18 — Prix.	18 — Prix.
Gomme blanche menue.......						
Gruau de Bretagne..........						
Huile camphrée.............						
— — laudanisée.....						
— de croton tiglium.......						
— d'œillette.............						
— de ricin..............						
— de fo'e de morue.......						
Hydrochlorate de morphine....						
Iode....................						
Iodure de potassium........						
— de plomb............						
— de soufre............						
Ipécacuanha en poudre........						
Jalap en poudre.............						
Kermès minéral.............						
Laudanum de Sydenham......						

	Quantité.	ANNÉES				
		18 — Prix.	48 — Prix.	18 — Prix.	18 — Prix.	18 — Prix.
Miel rosat...............						
Nitrate acide de mercure.......						
— d'argent cristallisé.....						
— — fondu........						
— de potasse..........						
Onguent d'arceus...........						
— de la mère..........						
— citrin.............						
— populeum..........						
Opium..................						
Orge perlé...............						
Oxide de zinc.............						
Oximel scillitique...........						
Papier de soie.............						
Pastilles d'ipécacuanha........						
— de soufre..........						
Pilules de carbonate de fer.....						
— de cynoglosse.........						
— de digitale de 2 décigram.						
— — de 3 décigram.						

	Quantité.	ANNÉES			
		18 . — Prix.	18 . — Prix.	18 . — Prix.	18 . — Prix.
Pilules d'ext. de ciguë de 25 centig.					
—　　　　　—　　　de 5 centigr.					
—　　　　　—　　　de 2 ½ cent.					
— de Méglin					
Pavots blancs.					
Poix de Bourgogne.					
Pommade de belladone.					
— épispastique.					
— de goudron					
— d'hydriodate de potasse					
— d'Iodure de plomb . . .					
— de soufre . . .					
— de Janin					
— mercurielle double . . .					
— — simple . . .					
— — belladonisée					
— de soufre.					
— stibiée					
— de carbonate de plomb					
— au garou.					
Poudre de phellandrie					
de quinquina					
— de rhubarbe					
— de ratanhia					

	Quantité.	ANNÉES				
		18 — Prix.	18 — Prix.	18 — Prix.	18 — Prix.	18 — Prix.
Potasse caustique............						
Racines de chiendent.........						
— de gentiane..........						
— de consoude........						
— de guimauve........						
— de ratanhia..........						
— de réglisse..........						
Sangsues..................						
Semences de lin.............						
— de moutarde blanche..						
Sirop anti-scorbutique........						
— des cinq racines........						
— diacode..............						
— de digitale...........						
— d'écorces d'oranges......						
— de miel..............						
— d'iodure de fer.........						
— de quinquina..........						
— de rhubarbe...........						
— de sucre.............						
— d'orgeat.............						
— de gomme...........						

	Quantité.	ANNÉES				
		18 — Prix.	18 — Prix.	18 — Prix.	18 — Prix.	18 — Prix.
Sirop de valériane...........						
— de Boubé............						
Soufre sublimé et lavé........						
Sparadrap................						
Sublimé corrosif, deuto-chlorure de mercure..............						
Suc de réglisse.............						
Sulfate de cuivre ordinaire.....						
— de fer —						
— de potasse pulvérisée...						
— de quinine...........						
— de soude............						
— de magnésie.........						
— de zinc.............						
Sulfure de potasse...........						
Strychnine................						
Tartrate acidule de potasse.....						
Tartre stibié..............						
Teinture de digitale..........						
— de gentiane						
— d'iode.............						
— de kina						
— d'opium............						
— do scille............						

	Quantité.	ANNÉES				
		18 — Prix.	18 — Prix.	18 — Prix.	18 — Prix.	18 — Prix.
Tiges de douce-amère.........						
Thériaque................						
Vin rouge................						
Vinaigre.................						
Vinaigre anti-sceptique, dit des quatre-voleurs						

	Quantité.	ANNÉES				
		18— Prix.	18— Prix.	18— Prix.	18— Prix.	18— Prix.

	Quantité.	ANNÉES				
		18 —— Prix.	18 —— Prix.	18 —— Prix.	18 —— Prix.	18 —— Prix.

MÉDICAMENTS OFFICINAUX.

	Quantité.	ANNÉES				
		18 — Prix.	18 — Prix.	18 — Prix.	18 — Prix.	18 — Prix.

	Quantité.	ANNÉES				
		18 — Prix.	18 — Prix.	18 — Prix.	18 — Prix.	18 — Prix.

	Quantité.	ANNÉES				
		18 — Prix.	18 — Prix.	18 — Prix.	18 — Prix.	48 — Prix.

MÉDICAMENTS MAGISTRAUX

	Quantité.	ANNÉES				
		18 — Prix.	18 — Prix.	18 — Prix.	18 — Prix.	18 — Prix.
Cérat opiacé.						
Cérat simple......... 32 gr.						
Teinture d'opium ...... 04 gr.						
Cérat saturné.						
Cérat simple......... 32 gr.						
Acétate de plomb....... 02 gr.						
Cérat saturné et opiacé.						
Cérat simple .... 32 gr.						
Teinture d'opium....... 04 gr.						
Acétate de plomb....... 02 gr.						
Cérure anodin						
Eau distillée . . . . . . 65 gr.						

	Quantité.	ANNÉES				
		18 — Prix.	18 — Prix.	18 — Prix.	18 — Prix.	18 — Prix.
Laudanum de Sydenham, 6 gout.						
Collyre émollient.						
Décoction émolliente... 250 gr.						
Collyre résolutif.						
Infusion de fl. de sureau, 250 gr.						
Acétate de plomb.... 06 décig.						
Collyre résolutif.						
Eau distillée .... 60 gr.						
Sulfate de zinc...... 01 décig.						
Collyre mercuriel calmant.						
Deuto-chlorure de merc., 2 cent.						
Mucilage de coings...... 02 gr.						
Eau distillée .... 125 gr.						
Collyre au calomel.						
Calomel.............. 2 gr.						
Eau gommeuse........ 30 gr.						
Décoction blanche.						
Corne de cerf rapée..... 32 gr.						
Sirop de sucre........ 32 gr.						
Teinture de canelle..... 08 gr.						
Eau, q. s. pour un kilogramme.						

	Quantité.	ANNÉES				
		18 — Prix.	18 — Prix.	18 — Prix.	18 — Prix.	18 — Prix.
Décoction blanche laudanisée.						
La même, avec 30 gouttes de laudanum..............						
Décoction de kina.						
Kina............... 32 gr.						
Eau............... 1 kilogr.						
Émulsion.						
Sirop d'orgeat........ 45 gr.						
Eau............... 1 kilog.						
Émulsion nitrée.						
Émulsion............ 1 kil.						
Sel de nitre........... 2 gr.						
Gargarisme acidulé.						
Décoction d'orge...... 250 gr.						
Miel rosat.......... 32 gr.						
Vinaigre .... q. s.						
Gargarisme anodin.						
Décoct. de têtes de pavots 250 g.						
Sirop de miel........ 32 g.						
Gargarisme adoucissant.						
Décoction de guimauve.. 250 g.						
Sirop de miel......... 32 g.						

	Quantilé.	ANNÉES				
		18	18	18	18	18
		Prix.	Prix.	Prix.	Prix.	Prix.
Gargarisme anti-scorbutique.						
Décoction amère....... 250 g.						
Sirop de miel......... 65 g.						
Alcoolat de cochléaria.... 08 g.						
Gargarisme alumineux.						
Décoction d'orge...... 250 gr.						
Alun.............. 04 gr.						
Sirop de miel......... 45 gr.						
Gargarisme détersif.						
Décoction d'orge...... 250 gr.						
Miel rosat.......... 65 gr.						
Acide sulfurique...... q. s.						
Limonade tartrique.						
Acide tartrique,........ 02 gr.						
Sirop de sucre........ 45 gr.						
Eau .... 1 kil.						
Liniment oléo-calcaire.						
Eau de chaux........ 500 gr.						
Huile d'olives........ 500 gr.						
Liniment oléo-calcaire						
laudanisé.						
Eau de chaux .... 500 gr.						

	Quantité.	ANNÉES				
		18 — Prix.	18 — Prix.	18 — Prix.	18 — Prix.	18 — Prix.
Huile d'olives......... 500 gr.						
Laudanum.......... 008 gr.						
Liniment anodin.						
Huile d'œillette......... 32 gr.						
Laudanum de sydenham.. 08 gr.						
Liniment volatil.						
Huile d'œillette.......... 60 gr.						
Ammoniaque.......... 08 gr.						
Liniment volatil camphré.						
Huile d'œillette......... 60 gr.						
Camphre............ 08 gr.						
Ammoniac........... 08 gr.						
Liniment camphré.						
Huile camphrée........ 60 gr.						
Liqueur de Van-Swiéten.						
Sublimé corrosif...... 2 décigr.						
Eau distillée.......... 450 gr.						
Alcool............. 50 gr.						
Looch blanc.						
Sirop d'orgeat......... 32 gr.						
Eau............... 96 gr.						

	Quantité.	ANNÉES				
		18 — Prix.	18 — Prix.	18 — Prix.	18 — Prix.	18 — Prix.
Looch kermétisé.						
Sirop d'orgeat........ 45 gr.						
Eau gommeuse .... 90 gr.						
Kermès........... 3 centig.						
Lotion anti-psorique.						
Sulfure de potasse..... 125 gr.						
Eau.............. 750 gr.						
Acide sulfurique...... 015 gr.						
Pilules de carbonate de fer.						
Carbonate de fer....... 05 gr.						
Réglisse .... 05 gr.						
Gomme adragante...... 01 gr.						
Sirop, q. s. pour 40 pilules....						
Pilules fébrifuges.						
Sulfate de quinine....... 1 gr.						
Extrait d'opium....... 1 décig.						
Gomme adragante et sirop, quantité suffisante pour 10 pilules.						
Pilules anti-rhumatismales.						
Sulfate de fer pur..... 5 centig.						
Extrait de digitale.... 5 centig.						
— d'opium, 3 centigr. pour une pilule						

	Quantité.	ANNÉES				
		18 — Prix.	18 — Prix.	18 — Prix.	18 — Prix.	18 — Prix.
Pilules de croton-tiglium.						
Huile de croton, une goutte....						
Savon médicinal, 1 gramme pour 2 pilules................						
Pilules d'extrait d'opium.						
De cinq centigrammes........						
De sept centigrammes........						
De dix centigrammes........						
Pilules camphrées et opiacées.						
Camphre............1 décig.						
Extrait d'opium 5 centig. pour une pilule...............						
Potion calmante.						
Infusion de fl. de tilleul, 125 gr.						
Eau de fleurs d'oranger. 25 gr.						
Sirop diacode........ 32 gr.						
Potion anti-stimulante. 1er *degré.*						
Infusion de feuill. d'orang. 150 g.						
Sirop diacode......... 30 g.						
Tartre stibié........ 15 centig.						
M.						
2me *degré.*						
Infusion de feuill. d'orang. 150 g.						

	Quantité.	ANNÉES				
		18 — Prix.	18 — Prix.	18 — Prix.	18 — Prix.	48 — Prix.
Sirop diacode........... 30 g.						
Tartre stibié .... 20 centigr.						
M.						
3ᵐᵉ degré.						
Infusion de feuill. d'orang. 150 g.						
Sirop diacode............ 30 g.						
Tartre stibié........ 30 centigr.						
M.						
4ᵐᵉ degré.						
Infusion de feuill. d'orang. 150 g.						
Sirop diacode .... 30 g.						
Tartre stibié........ 40 centigr.						
M.						
Potion anti-phlogistique.						
1ᵉʳ degré.						
Infus. de fl. de camomille, 150 g.						
Sirop diacode .... 30 g.						
Teinture de digitale.. 15 gouttes.						
M.						
2ᵐᵉ degré.						
Infus. de fl. de camomille, 150 g.						
Sirop diacode .... 30 g.						
Teinture de digitale.. 20 gouttes.						
M.						

	Quantité.	ANNÉES				
		18 — Prix.	18 — Prix.	18 — Prix.	18 — Prix.	18 — Prix.
Potion anti-spasmodique. 1er *degré.*						
Eau distillée de tilleul... 150 g.						
Sirop de sucre......... 30 g.						
Éther sulfurique.... 25 gouttes.						
M.						
2me *degré.*						
Eau de menthe .... 150 gr.						
Sirop diacode........ 30 gr.						
Éther sulfurique.... 25 gouttes.						
M.						
Potion au Castoréum. 1er *degré.*						
Infus. de fl. de camomille, 150 g.						
Sirop de quinquina ..... 40 g.						
Teinture de castoréum.... 2 g.						
M.						
2me *degré.*						
Infus. de fl. de camomille, 150 g.						
Sirop de quinquina..... 40 g.						
Teinture de castoréum.... 3 g.						
M.						
3me *degré.*						
Infus. de fl. de camomille, 150 g.						

	Quantité.	ANNÉES				
		18 Prix.	18 Prix.	18 Prix.	18 Prix.	18 Prix.
Sirop de quinquina...... 40 g.						
Teinture de castoréum... 4 g.						
M.						
Potion anti-cholérique.						
Infus. de fl. de camomille, 700 g.						
Sirop de sucre........ 60 g.						
Acide chlorhydrique...... 1 g.						
M.						
Potion fébrifuge simple.						
Fleurs d'arnica......... 3 g.						
Eau-bouillante......... 1 k.						
Sirop de sucre......... 60 g.						
M.						
Potion anti-néphrétique.						
Huile d'œillette....... 40 gr.						
Sirop de limous....... 30 gr.						
M.						
Potion éméto-cathartique.						
Tartre stibié....... 5 centigr.						
Sulfate de soude.... 15 gramm.						
Eau............. 1 kilogr..						
M.						
Potion de phellandrie.						
Poud. de sem. de phelland., 2 g.						

	Quantité.	ANNÉES				
		18 — Prix.	18 — Prix.	18 — Prix.	18 — Prix.	18 — Prix.
Sirop de gomme .... 45 g.						
Eau................. 150 g.						
M.						
Potion purgative simple.						
Sulfate de soude........ 40 g.						
Eau................. 250 g.						
M.						
Potion diurétique.						
Décoction des 5 racines. 125 gr.						
Acétate de potasse..... 4 gr.						
Sirop des 5 racines.... 32 gr.						
M.						
Potion pectorale.						
Décoction de guimauve.. 100 gr.						
Sirop de gomme....... 90 gr.						
M.						
Potion purgative, Eau de Sedlitz.						
Sulfate de magnésie.... 35 gr.						
Eau................. 750 gr.						
M.						
Potion vomitive.						
Émétique......... 15 centig.						
Eau............. 300 gram..						
M.						

	Quantité.	ANNÉES				
		18 — Prix.	18 — Prix.	18 — Prix.	18 — Prix.	18 — Prix.
Potion tonique ou cordiale.						
Vin rouge........... 125 gr.						
Sirop de sucre....... 20 gr.						
Teinture de canelle.... 8 gr.						
M.						
Pommade de calomel camphrée.						
Axonge............. 45 gr.						
Camphre............ 6 gr.						
Calomel .... 6 gr.						
M.						
Potion pectorale diacodée.						
Décoction de guimauve.. 100 gr.						
Sirop de gomme....... 45 gr.						
— diacode........ 30 gr.						
M.						
Vésicatoire de Leperdriel......						

	Quantité.	ANNÉES				
		18 — Prix.	18 — Prix.	18 — Prix.	18 — Prix.	18 — Prix.

MÉDICAMENTS MAGISTRAUX.

	Quantité.	ANNÉES				
		18 — Prix.	18 — Prix.	18 — Prix.	18 — Prix.	18 — Prix.

Quantité.	ANNÉES				
	18 — Prix.	18 — Prix.	18 — Prix.	18 — Prix.	18 — Prix.

	Quantité.	ANNÉES				
		18 — Prix.	18 — Prix.	18 — Prix.	18 — Prix.	48 — Prix.

	Quantité.	ANNÉES				
		18 — Prix.	18 — Prix.	18 — Prix.	18 — Prix.	18 — Prix.

Quantité.	ANNÉES				
	18 — Prix.	18 — Prix.	18 — Prix.	18 — Prix.	18 — Prix.

	Quantité.	ANNÉES.				
		18 — Prix.	18 — Prix.	18 — Prix.	18 — Prix.	18 — Prix.

	Quantité.	ANNÉES				
		18 — Prix.	18 — Prix.	18 — Prix.	18 — Prix.	18 — Prix.

www.ingramcontent.com/pod-product-compliance
Lightning Source LLC
Chambersburg PA
CBHW060503210326
41520CB00015B/4077